Zahlenspiele & Übungen von 0–10

BEV DUNBAR

Vorwort

Die vorliegenden vielseitigen, einfach einsetzbaren Spiele helfen, die ersten Zahlen in Ihrer Klasse lebendig werden zu lassen.

Die zehn Leitmotive wirken auf jüngere Schüler sehr anregend, denn sie lieben es, mit Fröschen, Hundeknochen und Sommersprossen als Teil ihrer täglichen Mathematikübungen spielerisch umzugehen. Außerdem bieten die zehn Übungen viele Möglichkeiten, in der Klasse gemeinsam an einem Thema zu arbeiten, z. B. in Gruppen von drei oder mehr Kindern.

Alle Übungen wurden entwickelt, um Ihren Schülern zu helfen, die Zahlen von 0–10 in anschaulicher Weise zu üben, d. h. sie zu erkennen, zuzuordnen und in einer fantasievollen Weise mit ihnen umzugehen. Es gibt im Anschluss an die Übungen Vorschläge, wie zusätzlich die Zahlen 11–19 geübt werden können. Um Ihnen bei der Stundenplanung zu helfen, gibt es zu jeder Übung einen Hinweis zu den Lernzielen.

Mini-Poster zeigen, wie Kinder in acht anderen Sprachen von 0–10 zählen (siehe Seiten 78–86). Ermutigen Sie Schüler mit einer anderen Muttersprache, „ihre Zahlen" den anderen Kindern vorzustellen. Stellen Sie eigene „Zählen-von-0–10-Poster" her, um sie neben den hier vorliegenden zu platzieren.

Alles, was Sie benötigen, um anzufangen, ist eine kleine Elterngruppe, die Ihnen beim Fotokopieren, Anmalen, Ausschneiden und Beziehen mit Folie hilft. Dabei sind die praktischen Schritt-für-Schritt-Anweisungen zu jeder Übung sehr hilfreich.

Außerdem brauchen Sie eine einfache Aufbewahrungskiste für jede Übung. Aufkleber für diese Kisten finden Sie hinten in diesem Buch (siehe Seiten 72/73). Am besten eignen sich farbenfrohe leicht stapelbare Kisten. Vergrößern oder verkleinern Sie die Aufkleber, um sie passend zu machen.

Dann fügen Sie noch bis zu 30 begeisterte Schüler hinzu, einige kurze Erläuterungen von Ihrer Seite – und es kann losgehen!

Ich bin überzeugt davon, dass Sie beim Anwenden dieser Spiele und Übungen in Ihrer Klasse genauso viel Spaß haben werden wie ich hatte, als ich sie entwarf.

Bev Dunbar

1. Auflage 2000
Nach der Neuregelung der deutschen Rechtschreibung
© Persen Verlag GmbH, Postfach 260, D-21637 Horneburg
und Blake Education Pty Ltd. 2000
Alle Rechte vorbehalten
ISBN 3-89358-831-0
Die Kopiervorlagen in diesem Buch dürfen ausschließlich vom Käufer für den eigenen Klassenbedarf vervielfältigt werden.

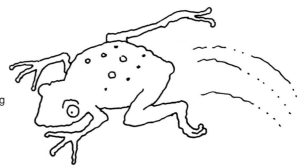

Inhalt

Unterschiedlichen Fähigkeiten gerecht werden	2
Affen füttern	4
Zebrastreifen	12
Bälle balancieren	16
Knochen suchen	21
Herr Haarig	34
Den Tisch decken	40
Fische	46
Hüpfende Frösche	52
Sommersprossen	58
Fleißige Bienen	64
Aufkleber	72
Würfelnetze	74
Kreisel	77
Zählen in anderen Sprachen - Poster	79

Unterschiedlichen Fähigkeiten gerecht werden

Jedes Spiel bzw. jede Übung kann innerhalb Ihrer Klasse den Bedürfnissen von mindestens drei Gruppen mit unterschiedlichen Fähigkeiten angepasst werden. Nach dem Einführen der Materialien (siehe am Anfang jeder Lehrerseite) gibt es Gelegenheit zum freien Erforschen. Erklären Sie dann eine der Übungen auf der Lehrer-Karte. Diese Lehrer-Karten enthalten rechts unten einen Punkt-Code zum Anzeigen der drei Schwierigkeitsstufen und links unten Piktogramme für Einzel-, Partner- oder Gruppenarbeit. Die Karten können auch von mitarbeitenden Eltern in der Klasse benutzt werden.

Stufe 1

Zuordnen

- Es soll in Gruppen von drei oder mehr Schülern gearbeitet werden. Jeder wählt eine kleine Karte mit einer Zahl oder einem Zahlwort aus und ordnet ihr die Anzahl der Dinge zu, die auf den großen Karten abgebildet sind.

- Dazu wird eine Geschichte erfunden, z. B.: „Dieser Mann hat einen Schreck bekommen. Alle seine Haare sind ausgefallen, außer diesen 6 Haaren!"

Andere Vorschläge für Gruppenaktivitäten

- Auf eine große Karte werden Spielmarken o. Ä. gelegt. Die dazu passende kleine Karte soll gesucht und umgedreht oder abgedeckt werden. Ein Mitspieler soll die Zahl auf der kleinen Karte erraten.

- Einige Spielmarken o. Ä. werden auf eine große Karte gelegt. Anschließend soll geraten werden, wie viele Spielmarken sich dort insgesamt befinden. Durch Zählen wird kontrolliert und eine passende kleine Karte wird herausgesucht.

- Der 1–6 Augen-/Zahlenwürfel oder der 0–9-Kreisel wird benutzt. Es wird versucht, die entsprechende Anzahl von Dingen zu sammeln. Wer hat nach jeder Runde die meisten?

- Die acht Poster zum Zählen von 0–10 in anderen Sprachen werden benutzt, um Zahlenkarten zu benennen und Dinge zu zählen.

- Die 10–19-Karten und der 10–19-Kreisel werden benutzt, wenn die Gruppen vergrößert werden. Die Schüler nehmen eine kleine und eine große Karte und suchen die entsprechende Anzahl von Dingen heraus.

Stufe 2

Ordnen, Muster legen

- In Gruppen, Paaren oder einzeln wird das Sortieren der Karten geübt: in der Zahlenfolge vorwärts/rückwärts.

- Es werden Karten mit genauso viel oder mehr oder weniger Dingen als vorgegeben herausgesucht.

- Ein Spieler legt aus Spielmarken o. Ä. ein Muster. Ein Mitspieler soll die nächsten Teile des Musters voraussagen.

Zahlenspiele & Übungen von 0–10

Andere Vorschläge für Gruppenaktivitäten

- Spielmarken o. Ä. aus zwei oder mehr Spielen werden gemischt und damit wird ein interessantes Muster erfunden. Ein Mitspieler wird aufgefordert, das Muster zu erkennen und anschließend fortzusetzen.

- Bis zu 19 Spielmarken o. Ä. werden auf einer großen Karte angeordnet. Es soll geraten werden, wie viele Spielmarken es sind. Anschließend wird durch Zählen kontrolliert. Drei oder mehr Karten von 0–19 sollen in Zahlenfolge vorwärts oder rückwärts gelegt werden.

- Der 7–12-Würfel oder der 10–19-Kreisel wird benutzt. Jeder versucht die entsprechende Anzahl von Spielmarken zu sammeln. Wer hat nach jeder Runde die meisten, die wenigsten, dieselbe Anzahl?

Stufe 3

Rechnen

- Zuerst wird festgestellt, mit wie vielen Spielmarken jeder beginnt. Dann werden Spielmarken hinzugetan oder weggenommen, um eine neue Zahl zu bekommen.

- Eine Hand voll Spielmarken soll gleichmäßig auf alle großen Karten verteilt werden. Die Spieler sollen zuerst vermuten und dann kontrollieren.

Andere Vorschläge für Gruppenaktivitäten

- Die Spieler stellen zunächst fest, ob es sich um eine ungerade oder gerade Anzahl von Spielmarken o. Ä. handelt. Dann erklären sie, wie sie es herausbekommen haben.

- Die Spieler denken sich eine zum Thema passende Aufgabe aus, z. B.: „Ich möchte drei Fische mehr als du haben. Wie viele Fische muss ich in mein Glas setzen?"

- Einer großen Karte soll eine bestimmte Anzahl Spielmarken zugeordnet werden, die auf einer kleinen Karte vorgegeben wird. Danach wird eine zweite kleine Karte genommen und die entsprechende Anzahl Dinge derselben großen Karte zugeordnet. Die Spieler schätzen, wie viele Spielmarken es insgesamt sind, dann kontrollieren sie und suchen die Karte mit der neuen Zahl heraus.

- Einer Karte werden Spielmarken zugeordnet. Dann werden Mitspieler aufgefordert zu überlegen, wie viele gleich große Gruppen sie bilden können, z. B.: „Könnt ihr Dreier-Gruppen bilden?"

- Der 10–19-Kreisel wird benutzt. Die entsprechende Anzahl von Spielmarken wird eingesammelt. Dann wird der 0–9-Kreisel genommen, um herauszufinden, wie viele Spielmarken weggenommen werden sollen. Wer hat nach jeder Runde die meisten, die wenigsten, dieselbe Anzahl?

- Die Spieler sollen sich ein Spiel mit den Karten ausdenken, z. B.: Würfelt mit zwei Würfeln und nehmt entsprechend viele Spielmarken. Versucht, als Erster genau 20 Spielmarken auf eure große Karte zu bekommen.

Zahlenspiele & Übungen von 0–10

Affen füttern

Vorstellen der Übung

Sprechen Sie über Affen und ihre Vorliebe für Bananen. Spielen Sie den Zoobesitzer. Jeder Affe isst jeden Tag eine bestimmte Anzahl Bananen.

Lernziele

*Vergleichen und Ordnen von Gegenstandsmengen im Verhältnis eins zu eins.
Zahlen mit Hilfe von Gegenständen oder Bildern darstellen.
Mengen bis neun zählen.
Bestimmen, ob es mehr oder weniger ist als eine vorgegebene Anzahl.
Einfache Additionen begreifen.
Beim Addieren kleiner Zahlen in Gedanken weiterzählen.*

So geht das Spiel

♦ Machen Sie von allen Affen mit den Nummern 1–10 eine Kopie, sodass es insgesamt 10 Affen werden. Malen Sie jeden an, überziehen Sie alle mit Folie und schneiden Sie sie aus.

♦ Kopieren Sie die Bananen viermal auf gelbes Papier (oder kopieren Sie die Bananen und malen sie dann an). Überziehen Sie die Bananen mit Folie und schneiden Sie jede einzelne aus.

♦ Kopieren und beziehen Sie die vier Aktionskarten auf der folgenden Seite und schneiden Sie sie aus.

♦ Legen Sie alles in eine Aufbewahrungskiste und versehen Sie diese mit dem passenden Aufkleber von Seite 72.

Benötigte Zusatz-Materialien

Keine.

Füttere einen Affen!

Nimm einen Affen. Schau auf die Nummer. Füttere den Affen mit der entsprechenden Anzahl Bananen.

Wie viele Bananen sind klein?

🯄 oder 🯅

•

Füttere alle Affen!

Füttere alle Affen mit der entsprechenden Anzahl Bananen. Drehe dann die Affen um. Finde die Nummern der Affen heraus, indem du auf die Bananen schaust.

Kannst du die Affen in die richtige Zahlenfolge bringen?

🯅

••

Füttere zwei Affen!

Nimm zwei Affen. Lege die Bananen dazu. Wie viele Bananen sind es zusammen? Erst schätzen, dann kontrollieren.

🯄 oder 🯅

•••

Größer und kleiner

Drehe alle Affen um, sodass du die Nummern nicht siehst. Ziehe zwei Affen. Welche Zahl ist größer?

Ziehe einen Affen. Wie heißt die nächste Zahl?
Welche Zahl kommt davor?
Wie bekommst du es heraus?

🯅

•••

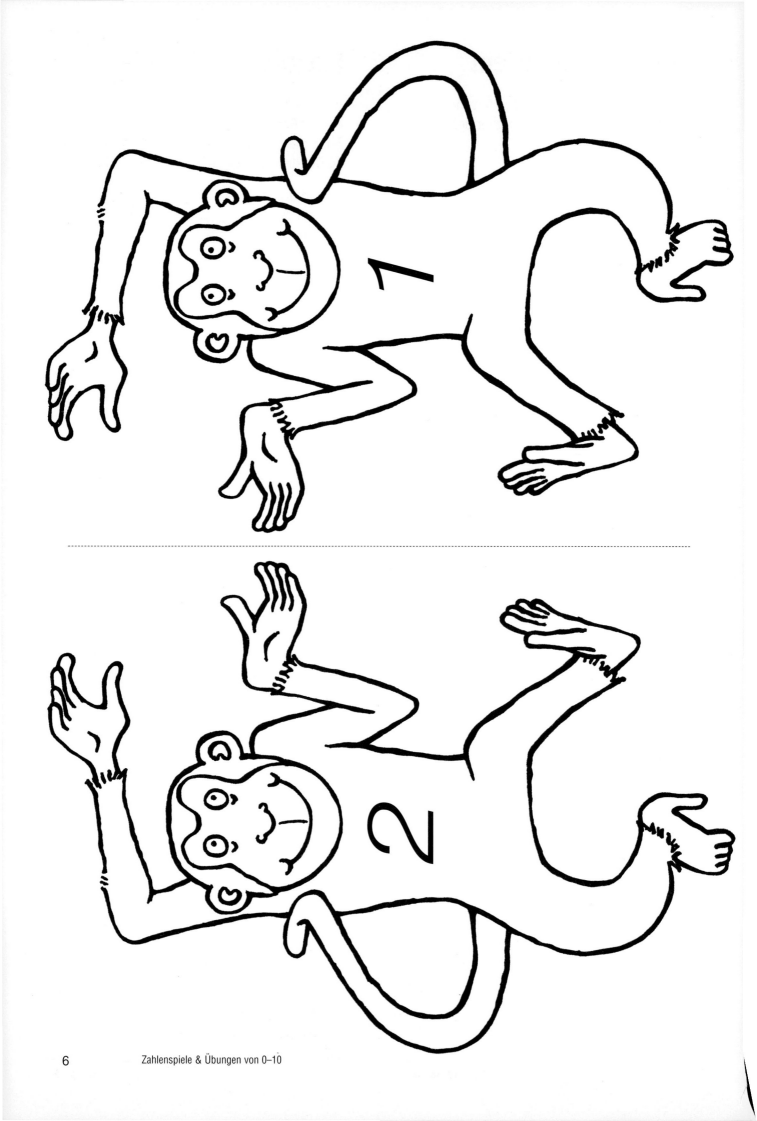

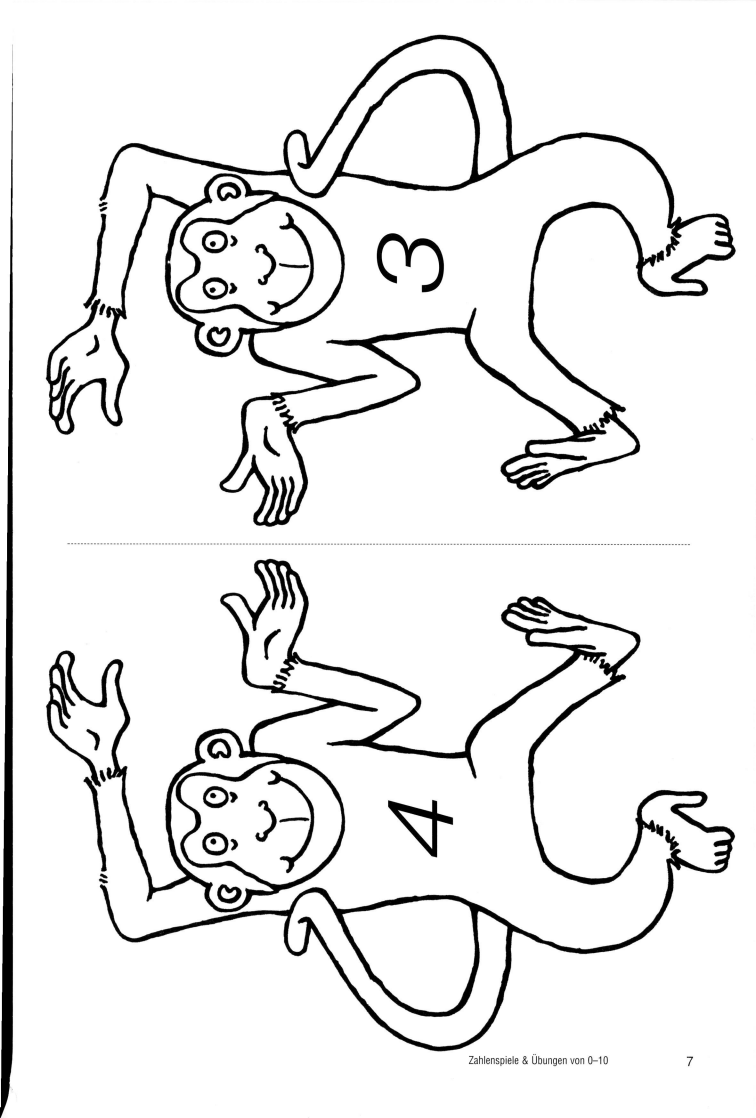

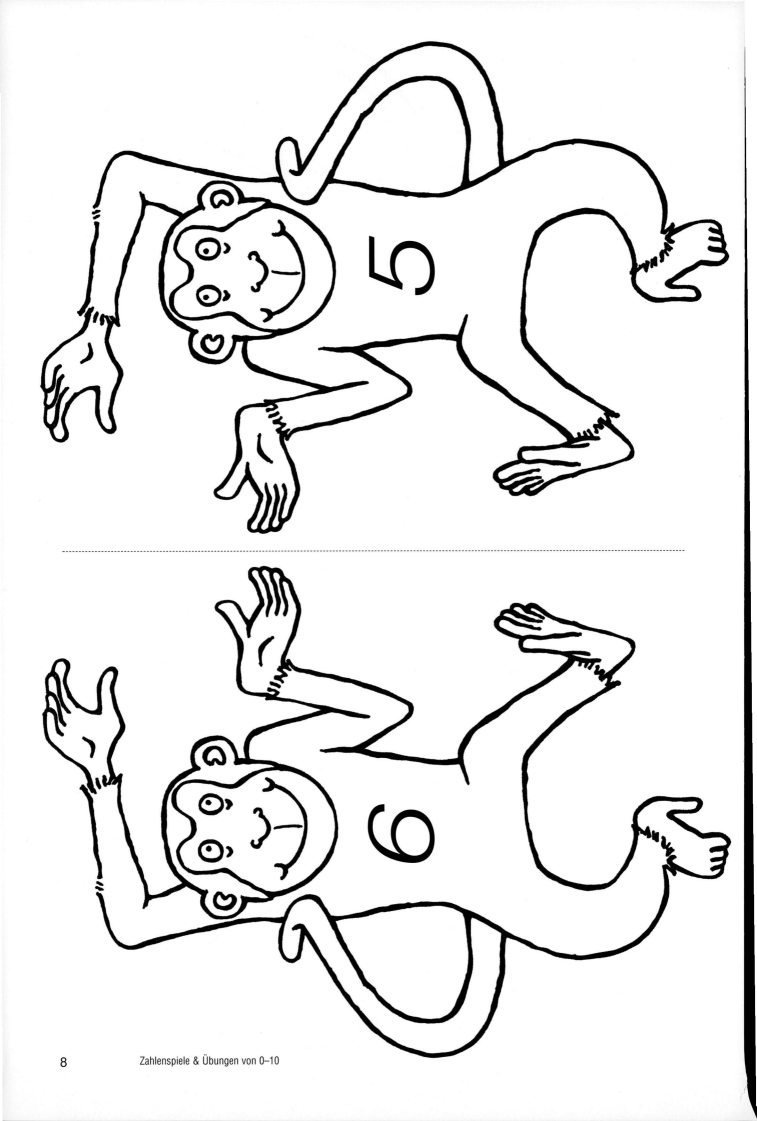

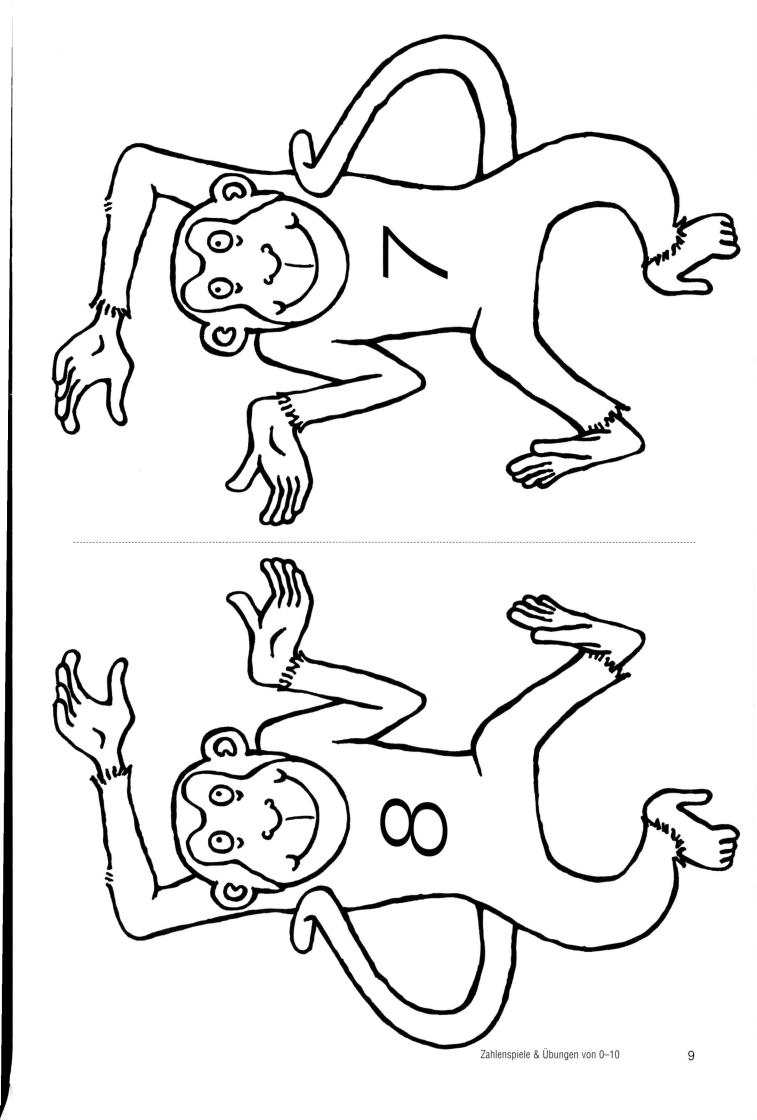

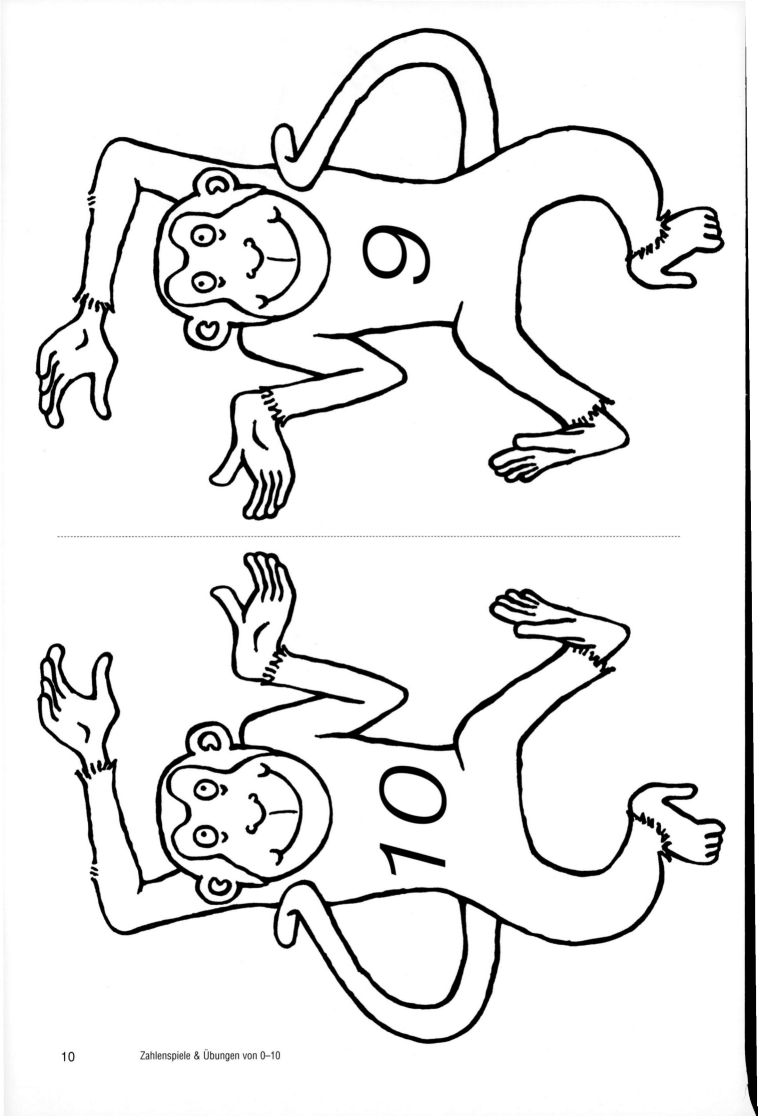

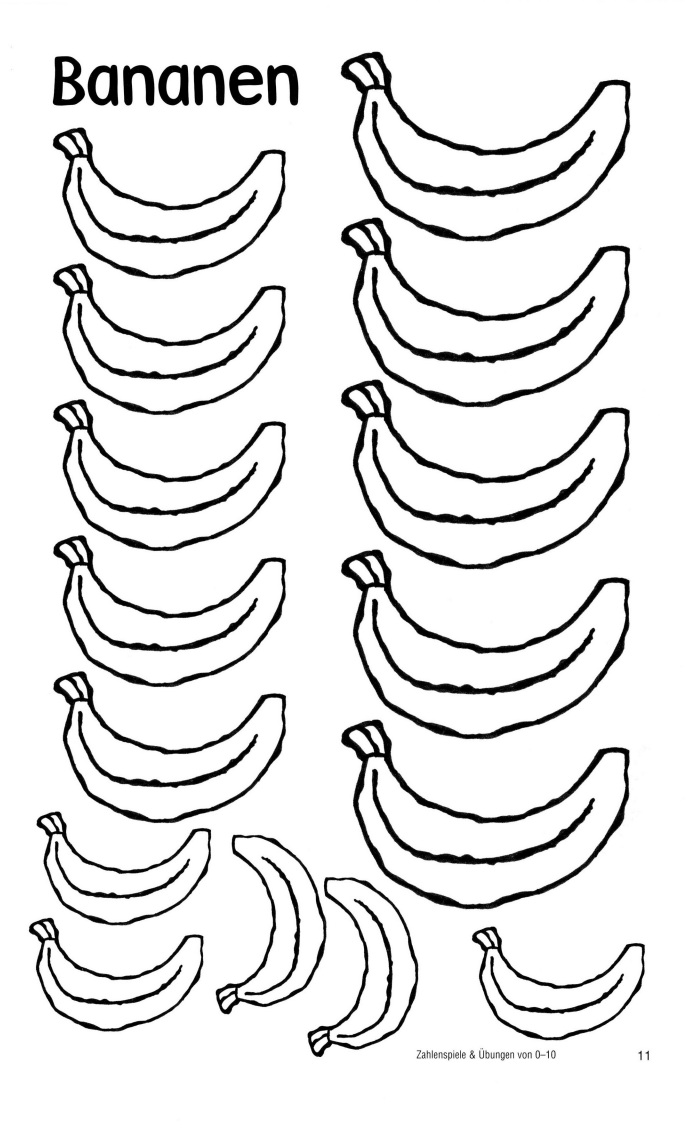

Zebrastreifen

Vorstellen der Übung

Sprechen Sie darüber, warum Zebras so viele Streifen haben. Erklären Sie, dass die Stäbchen Zebrastreifen darstellen. Die kleinen Karten geben vor, wie viele Streifen man benötigt.

Lernziele

Zahlen mit Hilfe von Gegenständen oder Bildern darstellen.
Mengen bis neun zählen.
Einfache Additionen begreifen.
Vorgegebene Muster bestimmen und fortführen.
Ein eigenes Zähl-Muster erfinden.
Bestimmen, ob es mehr oder weniger ist als eine vorgegebene Anzahl.

So geht das Spiel

♦ Machen Sie zehn DIN-A4-Kopien von dem großen Zebra. Vielleicht wollen Sie vor dem Beziehen noch eine Wiese dazumalen.

♦ Machen Sie eine Kopie von den 0–9-Zebras. Malen Sie die Zebras an, beziehen Sie sie mit Folie und schneiden Sie die kleinen rechteckigen Kärtchen aus.

♦ Kopieren und beziehen Sie dann die vier Aktionskarten auf der folgenden Seite und schneiden Sie sie aus.

♦ Legen Sie alles in eine Aufbewahrungskiste und versehen Sie diese mit dem passenden Aufkleber von Seite 72.

Benötigte Zusatz-Materialien

45–50 Plastik-Stäbchen. Viele davon sollten schwarz sein (Zebrastreifen).

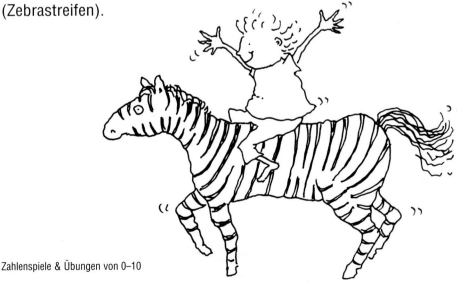

Zebrastreifen

Suche dir ein großes und ein kleines Zebra aus.
Gib deinem Zebra die richtige Anzahl Streifen.

Welches Zebra hat die meisten Streifen?
Welches Zebra hat am wenigsten Streifen?

  •

Bunte Streifen

Suche dir ein großes und ein kleines Zebra aus.
Benutze 2 Farben für die Streifen (z. B. zwei gelbe
und drei rote Streifen für die Karte mit der 5).
Zähle, wie viele Streifen es von jeder Farbe sind.

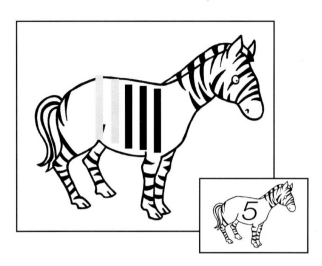

Schreibe deine Ergebnisse auf ein Blatt Papier.

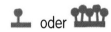 • •

Zebra-Geschichten

Erzähle deinem Mitspieler eine Zebra-Geschichte. Bitte ihn, die Handlung mit seinen Karten und Stäbchen zu verdeutlichen, z. B.: Eines Tages wachte das Zebra auf und hatte 4 gelbe Streifen. Am nächsten Tag war da noch ein Streifen mehr. Wie viele waren es zusammen?

Suche eine passende kleine Zebrakarte.

• • •

Zebra-Muster

Lege mit den Streifen ein Muster, z. B. schwarz, gelb, schwarz, gelb.
Bitte deinen Partner, die nächsten Farben zu nennen und vervollständige dann das Muster.
Tauscht die Rollen.

• • •

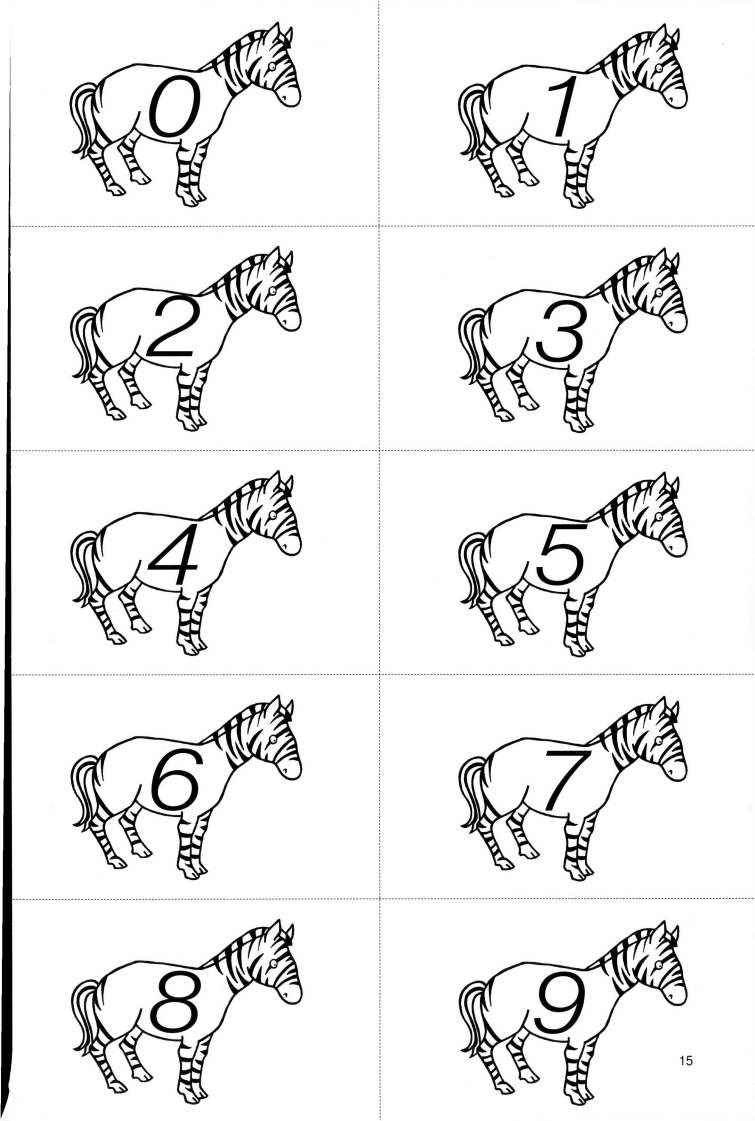

Bälle balancieren

Vorstellen der Übung

Sprechen Sie über Seehunde und wie gern sie miteinander spielen. Wenn Menschen im Zoo oder im Zirkus mit Seehunden Kunststücke einüben, bringen sie ihnen gern bei, Bälle auf der Nase zu balancieren. Die Kinder sollen sich vorstellen, dass sie mit einem freundlichen Seehund Ball spielen. Die kleinen Bälle geben an, wie viele Bälle man braucht.

Lernziele

Zahlen mit Hilfe von Gegenständen oder Bildern darstellen.
Mengen bis neun zählen.
Einfache Additionen begreifen.
Beim Addieren kleiner Zahlen in Gedanken weiterzählen.
Einfache Bruchteile als „gleiche Teile" begreifen.

So geht das Spiel

♦ Machen Sie zehn DIN-A4-Kopien von der großen Seehund-Karte. Malen Sie sie an und beziehen Sie sie mit Folie.

♦ Machen Sie drei Kopien von der Ball-Seite. Malen Sie die Bälle in leuchtenden Farben an, beziehen Sie sie mit Folie und schneiden Sie die einzelnen Bälle aus.

♦ Machen Sie eine Kopie von den kleinen 0–9-Seehunden. Beziehen Sie sie mit Folie und schneiden Sie die rechteckigen Kärtchen aus.

♦ Kopieren und beziehen Sie dann die vier Aktionskarten auf der folgenden Seite und schneiden Sie sie aus.

♦ Legen Sie alles in eine Aufbewahrungskiste und versehen Sie diese mit dem passenden Aufkleber von Seite 72.

Benötigte Zusatz-Materialien

Keine.

Bälle balancieren

Suche dir eine kleine und eine große Seehund-Karte aus. Lege dem Seehund die richtige Anzahl Bälle auf die Nase.

Verstecke die Karte und frage deinen Mitspieler, welche Zahl darauf steht.

👥 oder 👨‍👨‍👦

•

Zwei Seehunde

Nimm eine Hand voll Bälle und 2 große Seehunde. Teile die Bälle zwischen den 2 Seehunden auf.
Kannst du gerecht aufteilen? Warum?

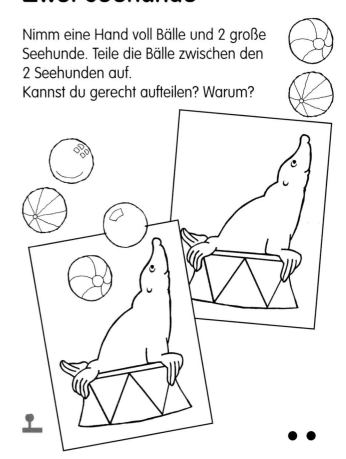

👤

••

Ball-Muster

Lege mit deinen Bällen ein Muster, z. B. rot, blau, rot, blau. Bitte deinen Mitspieler, das Muster weiterzulegen. Dann tauscht ihr die Rollen.

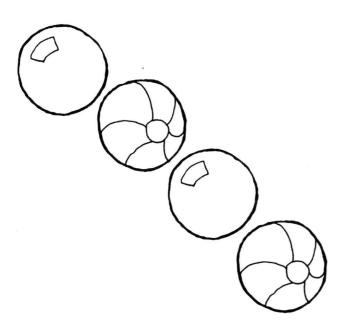

👥 oder 👨‍👨‍👦

••

Geheimzahl

Arbeite mit einem Partner. Legt eurem Seehund eine geheime Anzahl von Bällen auf die Nase. Zeigt euch dann die Seehunde. Habt ihr die gleiche Anzahl? Hast du mehr oder weniger Bälle als dein Partner? Erst schätzen, dann kontrollieren.

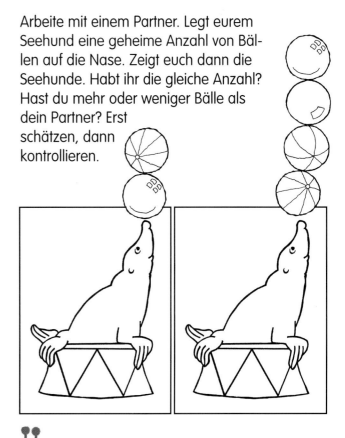

👥

•••

Zahlenspiele & Übungen von 0–10

0	1
2	3
4	5
6	7
8	9

Knochen suchen

Vorstellen der Übung

Sprechen Sie über Hunde im Allgemeinen und über die kleinen Streiche und Eigenarten dieser Haustiere. Gehen Sie auf die verschiedenen Charaktere der hier abgebildeten Hunde ein. Jeder von ihnen sammelt gern eine bestimmte Anzahl von Knochen ein.

Lernziele

Auswendig bis ... zählen.
Zahlen mit Hilfe von Gegenständen oder Bildern darstellen.
Mengen bis zehn zählen.
Zahlen mit Symbolen und Wörtern darstellen.
Gegenstände nach der Größe, Form oder Zahl ordnen.
Fehlende Zahlen in einem Zählmuster bestimmen.
Einfache Bruchteile als „gleiche Teile" begreifen.

So geht das Spiel

♦ Machen Sie von jeder Hunde-Seite eine Kopie, sodass Sie insgesamt zehn Hunde haben. Malen Sie alle Hunde an, beziehen Sie sie mit Folie und schneiden Sie die zehn rechteckigen DIN-A5-Karten aus.

♦ Machen Sie eine Kopie von jeder Knochen-Seite (Symbol, Zahl und Zahlwort). Malen Sie die Knochen an, beziehen Sie sie mit Folie und schneiden Sie die einzelnen Knochen aus.

♦ Kopieren und beziehen Sie dann die vier Aktionskarten auf der folgenden Seite und schneiden Sie sie aus.

♦ Legen Sie alles in eine Aufbewahrungskiste und versehen Sie diese mit dem passenden Aufkleber von Seite 72.

Benötigte Zusatz-Materialien

Keine.

Suche drei Knochen!

Nimm eine große Hunde-Karte und suche drei zusammenpassende Knochen (Symbol, Zahl, Zahlwort). Vergleiche dann mit den Knochen deiner Mitspieler.

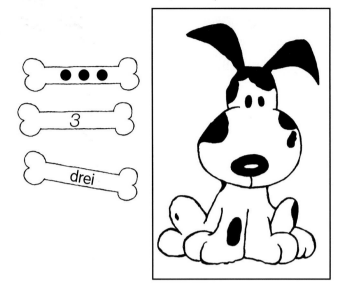

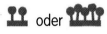 oder   •

Sortiere die Knochen!

Sortiere die Knochen in drei Haufen – Symbole, Zahlen und Zahlwörter. Sortiere dann die Knochen in den drei Gruppen in der richtigen Zahlenfolge.

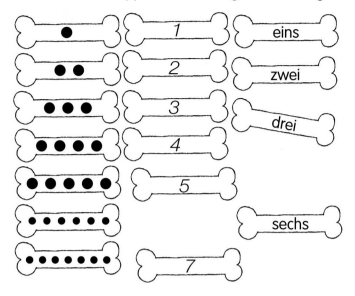

Kannst du sie auch rückwärts sortieren?

oder   • •

Schätze die Zahl!

Arbeite mit einem Partner. Halte einen Symbol-Knochen hoch und bitte deinen Partner zu schätzen, wie viele Zeichen darauf sind. Dann tauscht ihr die Rollen.

Halte einen Zahl-Knochen hoch. Bitte deinen Partner die Zahl zu nennen, die davor oder dahinter kommt. Dann tauscht ihr die Rollen.

• • •

Teile die Knochen auf!

Jeder nimmt 3 Hunde und eine Hand voll Knochen. Könnt ihr eure Knochen gerecht zwischen den 3 Hunden aufteilen? Erst schätzen, dann kontrollieren. Findet 2 Wege heraus, wie ihr die Knochen sortieren könnt, sodass sie nicht gerecht aufgeteilt sind.

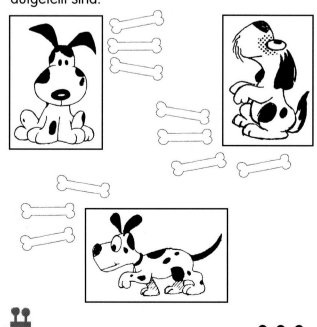

• • •

24 Zahlenspiele & Übungen von 0–10

Zahlenspiele & Übungen von 0–10

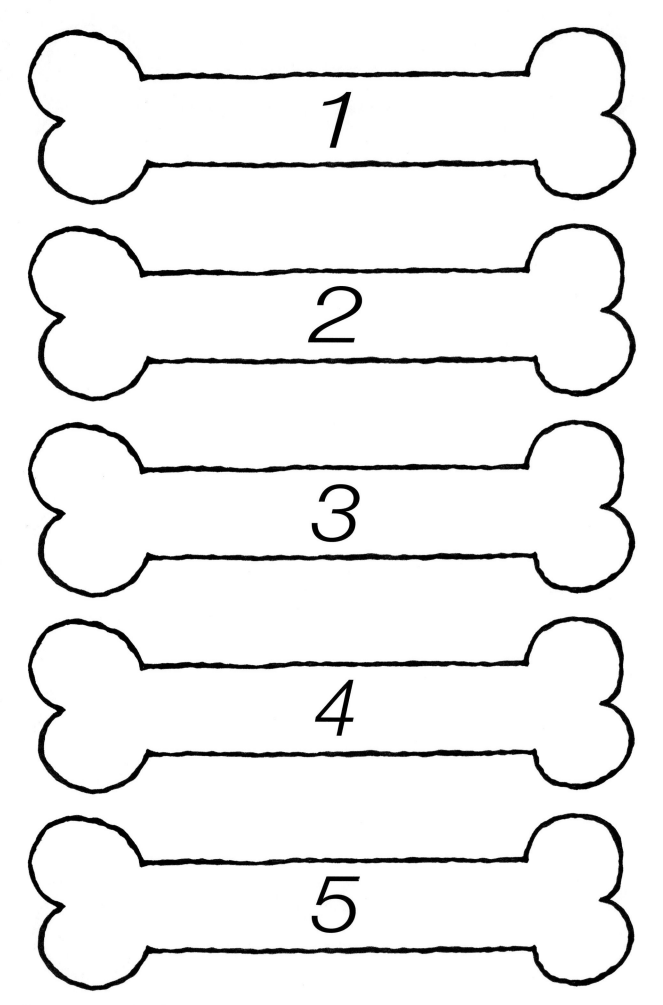

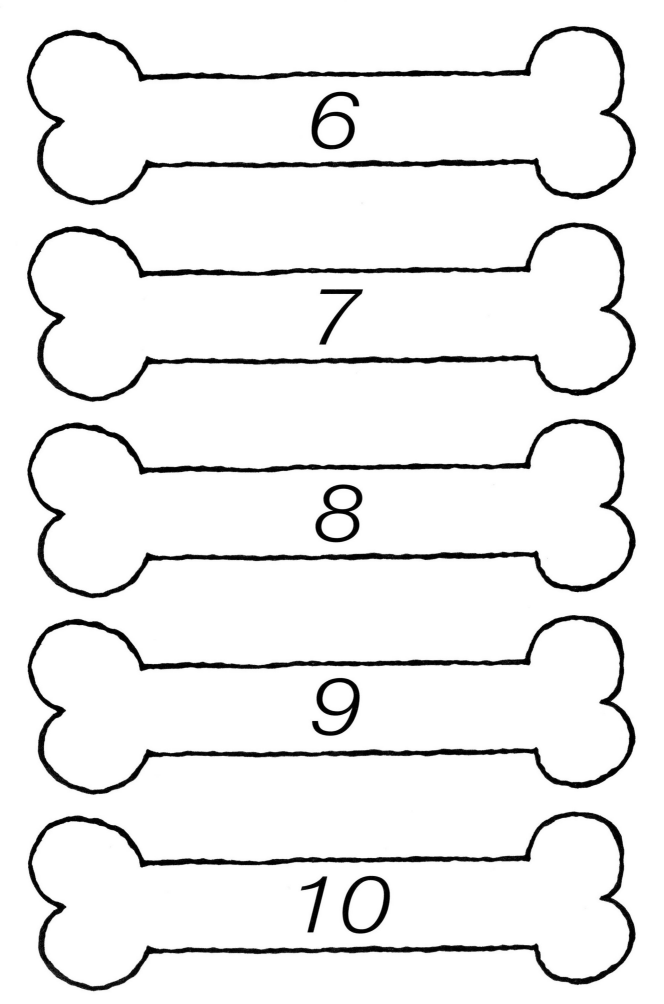

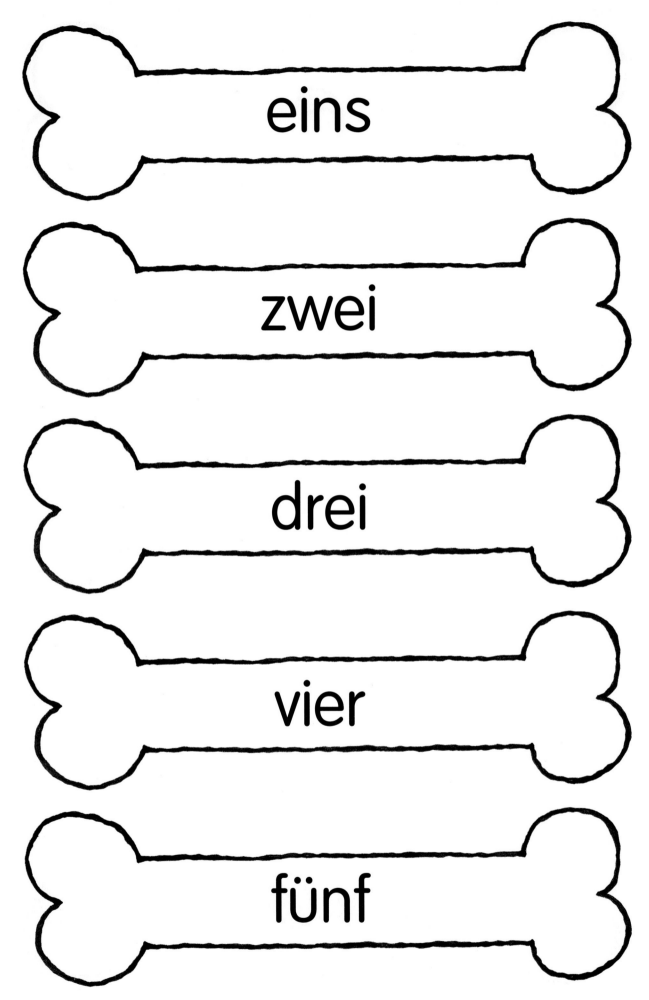

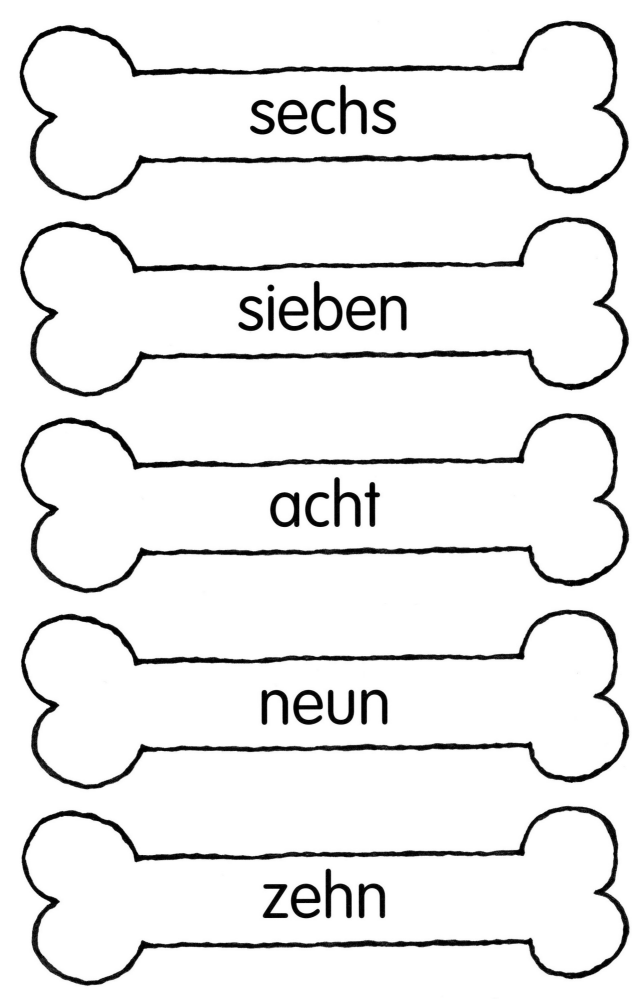

Herr Haarig

Vorstellen der Übung

Sprechen Sie darüber, dass Herr Haarig kahl ist und dass er sich gerne ausmalt, wie es sein würde, Haare zu haben. Erklären Sie, dass jedes Stäbchen auf seinem Kopf eine Haarsträhne darstellt.

Lernziele

Zahlen mit Hilfe von Gegenständen oder Bildern darstellen.
Mengen bis zehn zählen.
Gegenstände nach der Größe, Form oder Zahl ordnen.
Zahlen-Geschichten erfinden und erzählen.
Mit bis zu 10 Gegenständen das Erhaltenbleiben einer Anzahl demonstrieren.
Einfache Subtraktionen verstehen und die Ergebnisse aufschreiben.

So geht das Spiel

♦ Machen Sie zehn DIN-A4-Kopien von der großen „Herr-Haarig-Karte". Malen Sie sie an und beziehen Sie sie mit Folie.

♦ Machen Sie eine Kopie von der kleinen „Herr-Haarig-0–9-Seite" und auch eine Kopie von der null-bis-neun-Seite. Beziehen Sie sie mit Folie und schneiden Sie die rechteckigen Kärtchen aus.

♦ Für weiterführende Übungen kopieren Sie die „Herr-Haarig-10–19-Karten". Beziehen Sie sie mit Folie und schneiden Sie sie aus. Dafür benötigen Sie auch zusätzliche Stäbchen.

♦ Kopieren und beziehen Sie dann die vier Aktionskarten auf der folgenden Seite und schneiden Sie sie aus.

♦ Legen Sie alles in eine Aufbewahrungskiste und versehen Sie diese mit dem passenden Aufkleber von Seite 72.

Benötigte Zusatz-Materialien

45–50 farbige Stäbchen.

Herr Haarig

Nimm eine kleine Karte und eine „Herr-Haarig-Karte". Lege die passende Anzahl Stäbchen an Herrn Haarigs Kopf. Finde verschiedene Möglichkeiten heraus, die Haare anzuordnen.

♟ oder ♟♟♟♟ •

Der Haarigste

Lege auf 5 „Herr-Haarig-Karten" Haare. Bitte deinen Mitspieler, die Karten zu sortieren: von den wenigsten zu den meisten Haaren. Suche auch die passenden Zahlen-Karten dazu!

♟♟ ••

Haarige Geschichten

Arbeite mit einem Partner. Erzählt einander Geschichten über Herrn Haarig. Legt zu jeder Geschichte Stäbchen, z. B.: Herr Haarig hat 10 Haarsträhnen. Nachdem er sich am Kopf gekratzt hat, fallen 3 Strähnen aus. Wie viele Strähnen sind noch übrig?

♟♟ Schreibt eine Geschichte auf. •••

Eine Hand voll Haar

Nimm eine Hand voll Stäbchen. Schätze, wie viele du hast. Zähle sie dann. Lege sie auf eine „Herr-Haarig-Karte". Finde eine passende Zahlwort-Karte dazu. Bitte deinen Partner, Herrn Haarigs Haare anders anzuordnen. Schätzt, wie viele Strähnen es jetzt sind. Zählt die Stäbchen noch einmal. Hat das Bewegen der Stäbchen die Anzahl verändert?

♟♟ •••

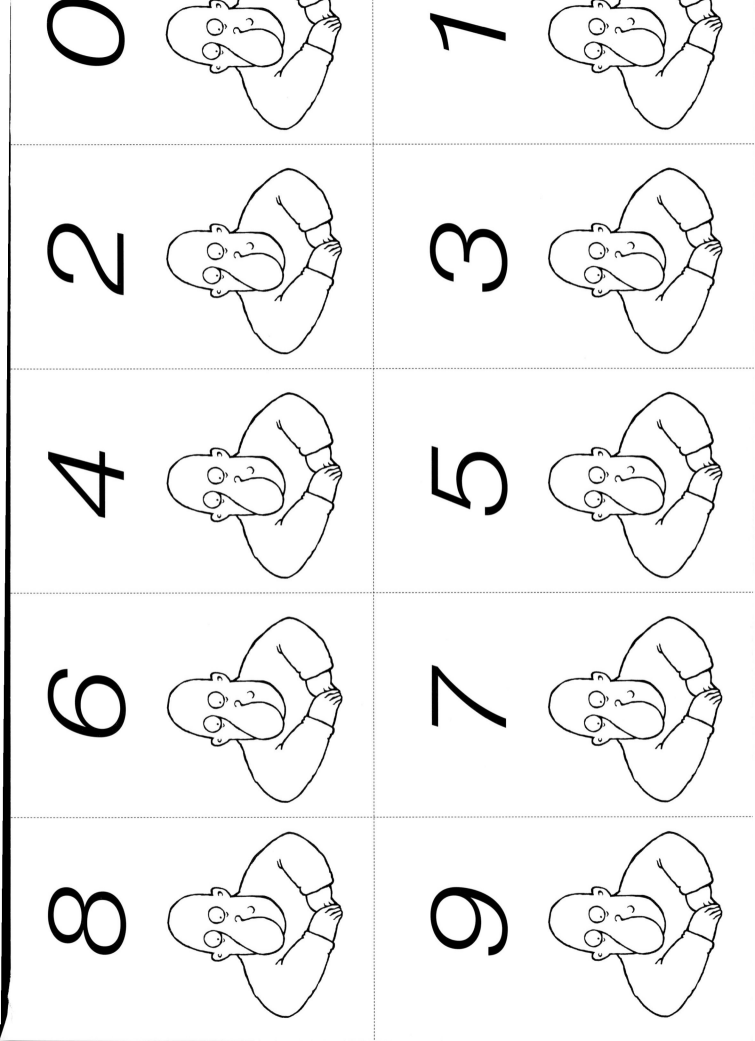

null	eins
zwei	drei
vier	fünf
sechs	sieben
acht	neun

10	11
12	13
14	15
16	17
18	19

Den Tisch decken

Vorstellen der Übung

Sprechen Sie darüber, wie man mit Messer, Gabel, Löffel und Teller den Tisch deckt und wo alles hingelegt wird. Die kleinen Karten geben an, wie viele Donuts auf jeden Teller gelegt werden. Dann sollen noch das passende Messer, die passende Gabel und der passende Löffel herausgesucht werden.

Lernziele

Vergleichen und Ordnen von Gegenstandsmengen im Verhältnis eins zu eins.
Mit Gegenständen oder Bildern Zahlen darstellen.
Mengen bis zehn zählen.
Zahlen mit Symbolen oder Wörtern darstellen.
Eine Anzahl von Gegenständen als gerade oder ungerade erkennen.
Gegenstände nach der Größe, Form oder Zahl ordnen.
Fehlende Zahlen in einem Zählmuster erkennen.

So geht das Spiel

♦ Schreiben Sie auf jede Plastikgabel eine der Zahlen von 0–9. Schreiben Sie auf jedes Messer eins der Zahlwörter von null bis neun und auf jeden Löffel zeichnen Sie Symbole in Anordnungen von 0–9.

♦ Machen Sie drei Kopien von der Donuts-Seite, damit Sie insgesamt 48 Donuts haben. Malen Sie die Donuts an, beziehen Sie sie mit Folie und schneiden Sie die einzelnen Donuts aus.

♦ Machen Sie eine Kopie von den 0–9-Donuts. Dies sind die Aktionskarten, die angeben, wie viele Donuts auf jeden Pappteller gelegt werden sollen. Beziehen Sie sie mit Folie und schneiden Sie sie als rechteckige Kärtchen aus.

♦ Für weiterführende Übungen kopieren Sie die 10–19-Donuts-Karten. Beziehen Sie sie mit Folie und schneiden Sie sie aus. Sie benötigen aber für diese Übungen weitere Kopien der Donuts-Seite.

♦ Kopieren und beziehen Sie dann die vier Aktionskarten auf der folgenden Seite und schneiden Sie sie aus.

♦ Legen Sie alles in eine Aufbewahrungskiste und versehen Sie diese mit dem passenden Aufkleber von Seite 73.

Benötigte Zusatz-Materialien

Ein Satz von jeweils 10 bunten Plastikmessern, -gabeln und -löffeln.
10 bunte Pappteller.

Den Tisch decken

Wähle eine kleine Karte aus und lege die passende Anzahl Donuts auf einen Teller. Suche das passende Messer, die passende Gabel und den passenden Löffel.

👤 oder 👥   •

Fehlende Zahlen

Sortiere die Messer in der richtigen Zahlenfolge. Dann machst du dasselbe mit den Gabeln und Löffeln.
Verstecke einige und bitte dann deinen Mitspieler, dir die fehlenden Zahlen zu nennen. Danach tauscht ihr die Rollen.

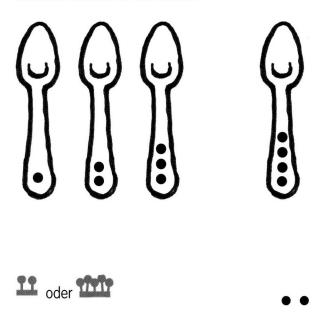

👥 oder 👥   ••

Wie viele Donuts?

Arbeite mit einem Partner zusammen. Legt eine geheime Anzahl Donuts auf eure Teller. Zeigt sie euch gegenseitig für ungefähr 2 Sekunden und versteckt sie wieder. Schätzt, ob ihr beide die gleiche Anzahl Donuts oder ob ihr mehr oder weniger Donuts habt als der andere. Kontrolliert, indem ihr sie 1 zu 1 abzählt. Suche eine kleine Karte, die zu deiner Anzahl Donuts passt.

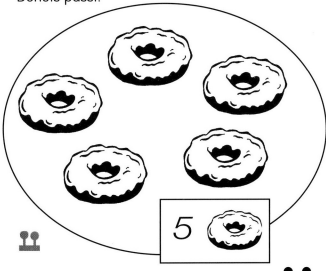

👥   ••

Gerade oder ungerade?

Wähle eine kleine Karte aus.
Lege die passende Anzahl Donuts auf einen Teller. Hast du eine gerade oder ungerade Anzahl Donuts? Wie bekommst du es heraus?

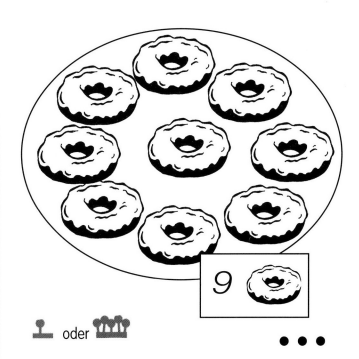

👤 oder 👥   •••

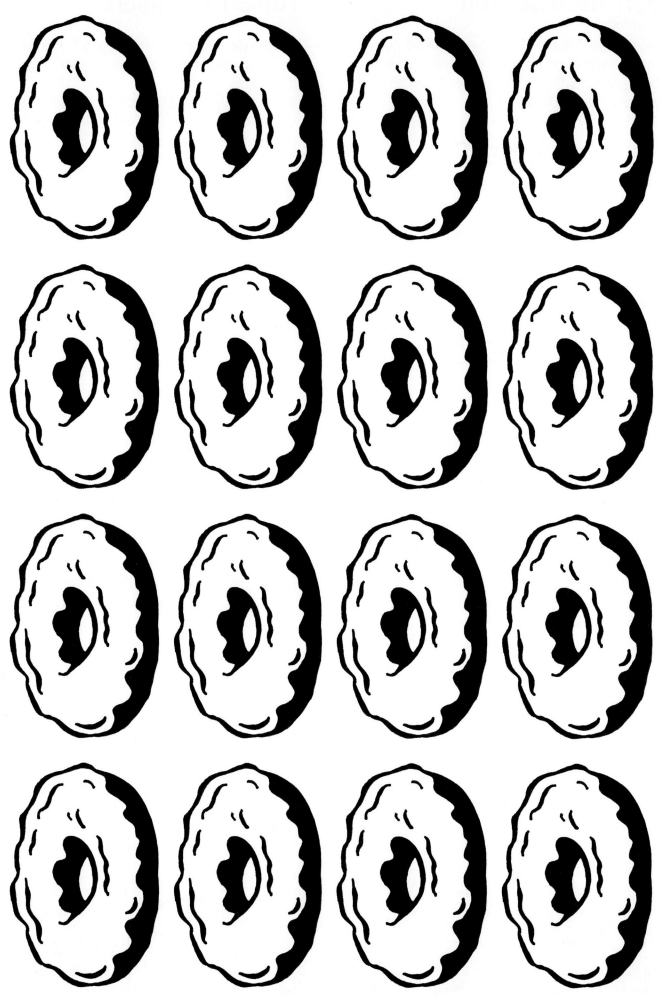

null 	eins 
zwei 	drei 
vier 	fünf 
sechs 	sieben 
acht 	neun 

Fische

Vorstellen der Übung

Erklären Sie, dass in jedem Glas Fische herumschwimmen. Die kleinen Karten geben vor, wie viele Fische in jedes Glas gehören.

Lernziele

Gegenstände in zwei oder mehr Gruppen sortieren.
Die Merkmale für eine vorgegebene Gruppe benennen.
Die Ähnlichkeiten und Unterschiede von Gegenständen und Gruppen erkennen.
Gegenstände nach der Größe, Form oder Zahl ordnen.
Auswendig bis .. zählen.
Zahlen mit Hilfe von Gegenständen oder Bildern darstellen.
Mengen bis zehn zählen.
Vorgegebene Muster erkennen und fortführen.
Muster beschreiben (schreiben oder malen).
Eigene Zählmuster entwerfen.
Einfache Additionen und Subtraktionen verstehen.

So geht das Spiel

♦ Machen Sie zehn DIN-A4-Kopien von dem großen Fischglas. Malen Sie die Gläser an und beziehen Sie sie mit Folie.

♦ Machen Sie drei Kopien von der Fisch-Seite, damit Sie insgesamt 60 Fische haben. Malen Sie die Fische an, beziehen Sie sie mit Folie und schneiden Sie sie einzeln aus.

♦ Machen Sie eine Kopie von der kleinen 0–9-Fischglas-Seite. Dies sind die Aktionskarten, die angeben, wie viele Fische in jedes große Glas gesetzt werden sollen.

♦ Für weiterführende Übungen kopieren Sie die 10–19-Fischgläser. Beziehen Sie sie mit Folie und schneiden Sie sie aus. Sie benötigen aber für diese Übungen weitere Kopien der Fische.

♦ Kopieren und beziehen Sie dann die vier Aktionskarten auf der folgenden Seite und schneiden Sie sie aus.

♦ Legen Sie alles in eine Aufbewahrungskiste und versehen Sie diese mit dem passenden Aufkleber von Seite 73.

Benötigte Zusatz-Materialien

Der 0–9- oder 10–19-Kreisel.

Wie viele Fische?

Jeder nimmt ein großes Fischglas und eine kleine Karte. Setzt die angegebene Anzahl Fische in euer Glas. Nehmt dann noch eine Karte auf. Fügt Fische hinzu oder nehmt welche weg, damit die neue Karte passt.

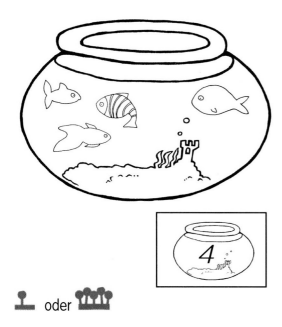

Fische

Arbeitet in der Gruppe zusammen. Sortiert die Fische nach ihren Mustern in verschiedene Gläser.
Wie viele unterschiedliche Fischarten gibt es?
Wie viele Fische sind in jedem Glas?
Wie habt ihr die Fische sortiert?
Gibt es auch einen anderen Weg, sie zu sortieren?

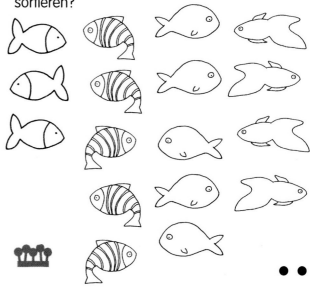

Fischmuster

Arbeite mit einem Partner zusammen.
Lege die Fische in einer langen Reihe zu einem Muster.
Frage deinen Partner, wie dein Muster angelegt ist. Dann tauscht ihr die Rollen.

Zeichnet eins eurer Muster ab.

Bis 20 kreiseln

Spielt in Dreiermannschaften.
Benutzt den 0–9- oder 10–19-Kreisel.
Kreiselt abwechselnd und setzt die angegebene Anzahl Fische in das Glas eurer Mannschaft.
Die Mannschaft, die zuerst genau 20 Fische in ihrem Glas hat, hat gewonnen.

Versucht nach jeder Runde von eurer bisherigen Zahl weiterzuzählen.

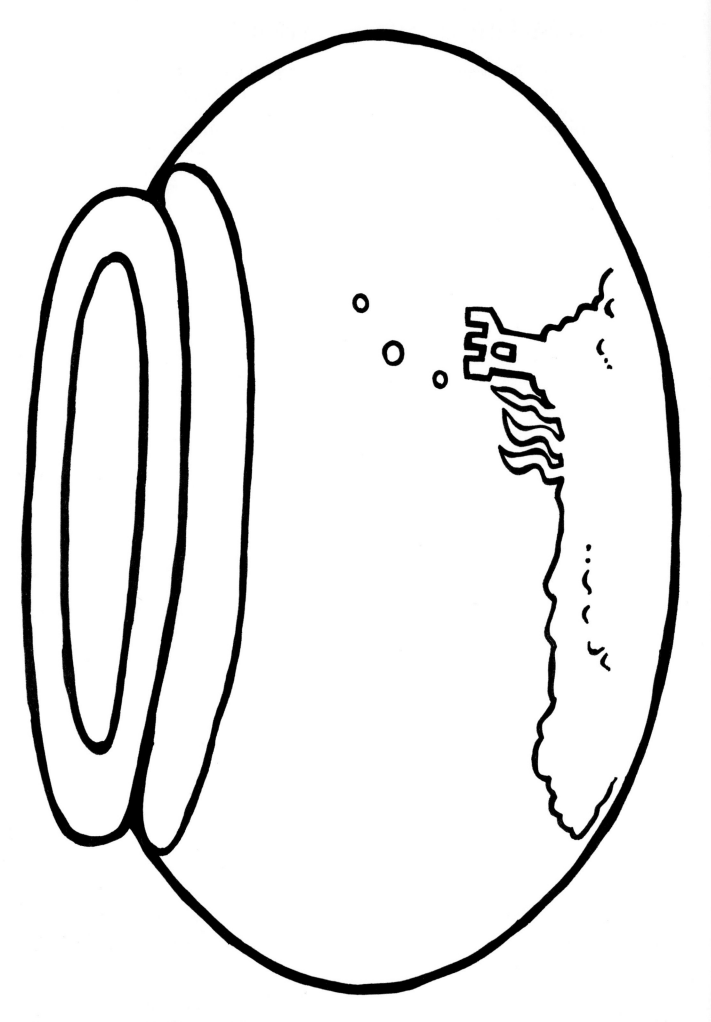

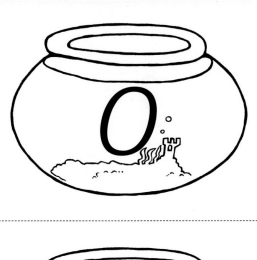 

Hüpfende Frösche

Vorstellen der Übung

Sprechen Sie darüber, dass Frösche in Teichen mit Seerosen leben. Sie lieben es, von einem Seerosenblatt zum andern zu hüpfen. Die kleinen Karten geben vor, wie viele Frösche zur gleichen Zeit auf demselben Seerosenblatt sitzen.

Lernziele

Zahlen mit Hilfe von Gegenständen oder Bildern darstellen.
Mengen bis 20 zählen.
Auswendig bis ... zählen.
Gegenstände in zwei oder mehr Gruppen sortieren.
Die Merkmale für eine vorgegebene Gruppe benennen.
Ähnlichkeiten und Unterschiede von Gegenständen und Gruppen erkennen.
Gegenstände nach der Größe, Form oder Zahl ordnen.
Einfache Additionen verstehen.
Additionsaufgaben selber aktiv nachvollziehen.

So geht das Spiel

♦ Wenn Ihr Budget nicht für 50–100 Plastikfrösche ausreicht, machen Sie vier Kopien von der Frosch-Seite. Malen Sie die Frösche an, beziehen Sie sie mit Folie und schneiden Sie die einzelnen Frösche aus.

♦ Machen Sie 10 Kopien von der großen Seerosenblatt-Seite. Malen Sie die Seerosenblätter an, beziehen Sie sie mit Folie und schneiden Sie die Blätter einzeln aus. Oder Sie schneiden sie aus grünem Filz aus.

♦ Machen Sie eine Kopie von der kleinen 0–9-Seerosenblatt-Seite. Dies sind die Aktionskarten, die angeben, wie viele Frösche auf jedes große Seerosenblatt gesetzt werden sollen. Beziehen Sie sie mit Folie und schneiden Sie die rechteckigen Kärtchen aus.

♦ Für weiterführende Übungen kopieren Sie die 10–19-Seerosenblatt-Karten. Beziehen Sie sie mit Folie und schneiden Sie sie aus. Sie benötigen aber für diese Übungen mindestens 50 zusätzliche Frösche.

♦ Kopieren und beziehen Sie dann die vier Aktionskarten auf der folgenden Seite und schneiden Sie sie aus.

♦ Legen Sie alles in eine Aufbewahrungskiste und versehen Sie diese mit dem passenden Aufkleber von Seite 73.

Benötigte Zusatz-Materialien

Möglichst 50–100 Plastikfrösche und 1 Kurzzeitwecker.

Hüpfende Frösche

Nimm dir eine kleine Karte und setze die entsprechende Anzahl Frösche auf ein großes Seerosenblatt. Benutze einen Kurzzeitwecker und stelle fest, wie viele Seerosenblätter du in einer Minute schaffst.

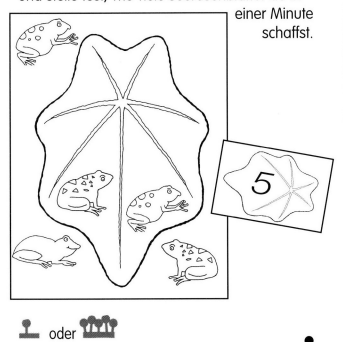

♟ oder ♟♟♟ •

Alle Arten Frösche

Sortiere die Frösche nach ihren Mustern auf verschiedene Seerosenblätter. Wie viele unterschiedliche Froscharten gibt es? Wie viele Frösche sitzen auf jedem Seerosenblatt? Wie hast du die Frösche sortiert? Gibt es auch einen anderen Weg, sie zu sortieren?

♟♟ oder ♟♟♟ ••

Frösche sammeln

Spielt zu dritt mit dem 1–6-Würfel. Würfelt abwechselnd und sammelt die entsprechende Anzahl Frösche auf euren Seerosenblättern. Wie viele Frösche habt ihr nach drei Runden? Schätzt zuerst und zählt dann nach.

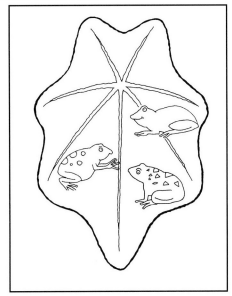

Wer hat die meisten Frösche, die wenigsten, dieselbe Anzahl wie du?

♟♟♟ ••

Geheime Frösche

Arbeitet mit einem Partner zusammen. Legt eine geheime Anzahl Frösche auf euer Seerosenblatt. Zeigt sie einander für etwa 2 Sekunden und versteckt sie dann wieder. Schätzt, ob ihr beide dieselbe Anzahl Frösche oder ob ihr mehr oder weniger Frösche habt als euer Partner. Zählt nach und wiederholt dann das Spiel. Werden eure Schätzungen mit der Zeit immer genauer?

Erfindet zu einem eurer Spiele eine Geschichte. Zeichnet die Geschichte auf.

♟♟ •••

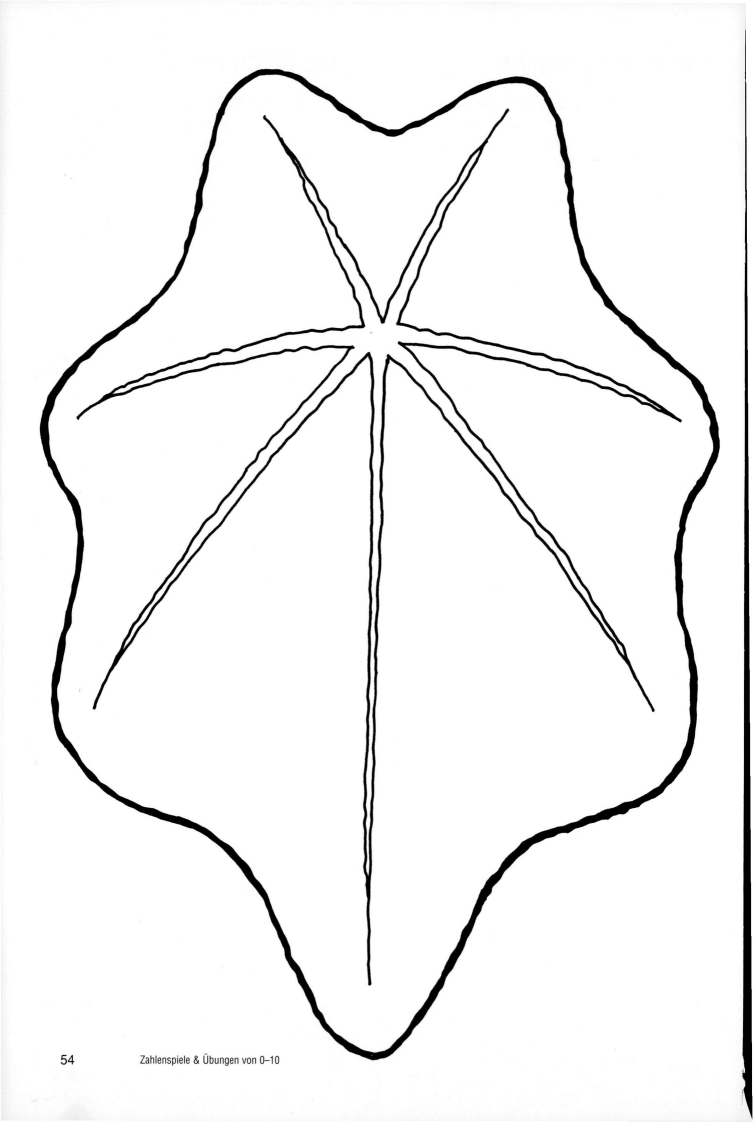

Zahlenspiele & Übungen von 0–10

Sommersprossen

Vorstellen der Übung

Sprechen Sie darüber, dass einige Menschen viele Sommersprossen in ihrem Gesicht haben. Erklären Sie, dass die Spielmarken Sommersprossen darstellen.

Lernziele

Zahlen mit Hilfe von Gegenständen oder Bildern darstellen.
Mengen bis zehn oder zwanzig zählen.
Gegenstände nach der Größe, Form oder Zahl ordnen.
Auswendig bis ... zählen.
Auswendig rückwärts von ... zählen.
Fehlende Zahlen in einem Zählmuster bestimmen.
Einfache Subtraktionen begreifen.

So geht das Spiel

♦ Machen Sie zehn Kopien von der Seite mit dem großen Gesicht. Malen Sie sie an und beziehen Sie sie mit Folie.

♦ Machen Sie eine Kopie von der Seite mit den 0–9-Gesichtern. Dies sind die Aktionskarten, die angeben, wie viele Sommersprossen auf jedes Gesicht gelegt werden sollen. Beziehen Sie die Seite mit Folie und schneiden Sie die einzelnen Karten aus.

♦ Machen Sie eine Kopie von der Seite mit den Sommersprossen-Zahlwörtern (null bis neun). Setzen Sie diese manchmal anstelle der 0–9-Karten ein.

♦ Für weiterführende Übungen können Sie auch die 10–19-Karten kopieren. Beziehen Sie sie mit Folie und schneiden Sie sie aus. Sie benötigen dann aber zusätzliche Spielmarken.

♦ Kopieren und beziehen Sie dann die vier Aktionskarten auf der folgenden Seite und schneiden Sie sie aus.

♦ Legen Sie alles in eine Aufbewahrungskiste und versehen Sie diese mit einem passenden Aufkleber von Seite 73.

Benötigte Zusatz-Materialien

50–100 kleine Plastikspielmarken
(10 mm Durchmesser).

Sommersprossen

Nimm eine große und eine kleine Gesichtskarte, sammle die passende Anzahl Spielmarken ein und lege sie auf das große Gesicht.

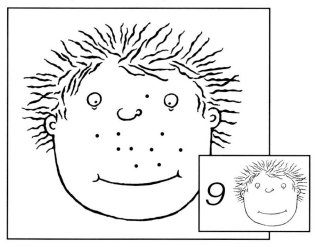

Mach ein anderes Gesicht mit mehr Sommersprossen. Mach ein anderes Gesicht mit weniger Sommersprossen. Mach ein anderes Gesicht mit der gleichen Anzahl Sommersprossen.

 oder

•

Fehlende Sommersprossen

Lege die kleinen Gesichtskarten in der richtigen Zahlenordnung vorwärts oder rückwärts. Nimm einige Karten fort und frage deinen Partner nach den fehlenden Zahlen. Tauscht dann die Rollen.

• •

Von den wenigsten zu den meisten

Lege alle möglichen Gesichter. Bitte dann deinen Partner, die Gesichter zu ordnen: von den wenigsten zu den meisten Sommersprossen. Lege dann jeweils die passende Zahlwort-Karte unter jedes Gesicht.

• •

Die meisten Sommersprossen

Nehmt 2 große Gesichtskarten und eine Hand voll Sommersprossen. Zählt die Sommersprossen und teilt sie zwischen den Gesichtern auf. Konntet ihr gerecht teilen? Wiederholt das Ganze.

Versucht es auch mit 3 Gesichtern!

• • •

Fleißige Bienen

Vorstellen der Übung

Bienen sammeln gern Nektar von Blumen. Den ganzen Tag fliegen sie geschäftig in ihren Bienenkorb ein und aus. Die kleinen Karten geben an, wie viele Bienen jeweils gleichzeitig um einen Bienenkorb herumfliegen.

Lernziele

Vergleichen und Ordnen von Gegenstandsmengen im Verhältnis eins zu eins.
Zahlen mit Hilfe von Gegenständen oder Bildern darstellen.
Mengen bis zehn oder zwanzig zählen.
Gegenstände nach der Größe, Form oder Zahl ordnen.
Ein vorgegebenes Muster erkennen und fortführen.
Muster beschreiben (schreiben oder malen).
Eigene Zählmuster entwerfen.
Einfache Additionen und Subtraktionen begreifen.

So geht das Spiel

♦ Machen Sie 10 Kopien von dem großen Bienenkorb. Malen Sie jeden Bienenkorb an und beziehen Sie ihn mit Folie.

♦ Machen Sie 3 Kopien von der Bienen-Seite. Malen Sie die Bienen an, beziehen Sie sie mit Folie und schneiden Sie die einzelnen Bienen aus.

♦ Machen Sie eine Kopie von der Seite mit den 0–9-Bienenkörben. Dies sind die Aktionskarten, die angeben, wie viele Bienen um jeden Bienenkorb fliegen sollen. Beziehen Sie sie mit Folie und schneiden Sie die einzelnen Karten aus.

♦ Für weiterführende Übungen können Sie auch die 10–19-Bienenkorb-Karten kopieren. Beziehen Sie sie mit Folie und schneiden Sie sie aus.
Sie benötigen dann aber zusätzliche Bienen.

♦ Kopieren und beziehen Sie dann die vier Aktionskarten auf der folgenden Seite und schneiden Sie sie aus.

♦ Legen Sie alles in eine Aufbewahrungskiste und versehen Sie diese mit einem passenden Aufkleber von Seite 73.

Benötigte Zusatz-Materialien
Keine.

Heim zum Bienenkorb

Nimm eine große und eine kleine Bienenkorb-Karte. Sammle die passende Anzahl Bienen ein und lege sie auf deinen Bienenkorb. Erfinde eine passende Geschichte.

Wer hat die meisten Bienen?
Wer hat die wenigsten Bienen?

Bienen-Muster

Lege mit einer Hand voll Bienen ein Muster. Bitte einen Freund, das Muster fortzuführen. Tauscht die Rollen.

oder

Fleißige Bienen

Arbeite mit einem Partner. Gib deinem Partner Anweisungen, wie er seine Bienen auf dem Korb anordnen soll, z. B.: Lege 3 Bienen auf die linke und 2 auf die rechte Seite oder lege auf deinen Bienenkorb 2 Bienen weniger als ich.

Tauscht die Rollen.

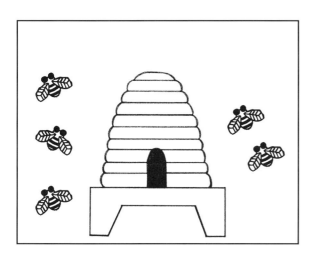

Zwei Bienenkörbe

Verteilt alle Bienen auf 2 Körbe.
Sucht eine Karte, die zeigt, wie viele es insgesamt sind.

neun

Die passende Zahl

Legt einige Bienen rund um euren großen Bienenkorb. Zählt sie. Dreht eine kleine Bienenkorb-Karte um. Fügt Bienen hinzu oder nehmt welche weg, damit die neue Zahl passt.

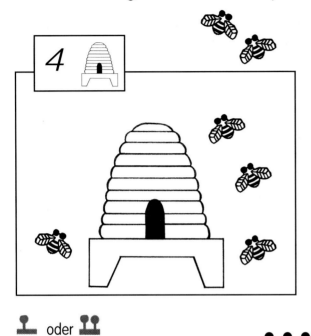

♟ oder ♟♟   • • •

20 Bienen

Jedes Vierer-Team hat einen großen Bienenkorb. Würfelt abwechselnd und sammelt die entsprechende Anzahl Bienen ein. Das Team, das genau 20 Bienen einsammeln kann, gewinnt.

♛   • • •

Bienen fliegen fort

Jedes Vierer-Team hat einen großen Bienenkorb und 20 Bienen. Würfelt abwechselnd und nehmt die entsprechende Anzahl Bienen fort. Versucht, als erstes Team keine Bienen mehr zu haben.

♛   • • •

Ein Spiel für 2

Denkt euch euer eigenes Spiel für 2 Spieler aus.

♟♟   • • •

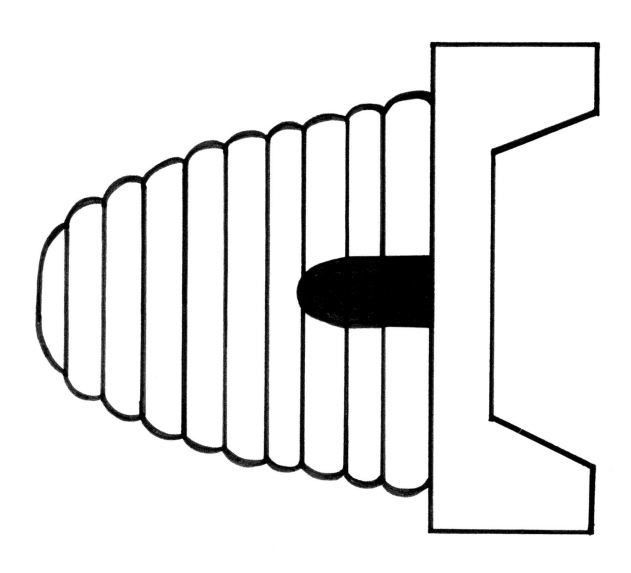

Bienen

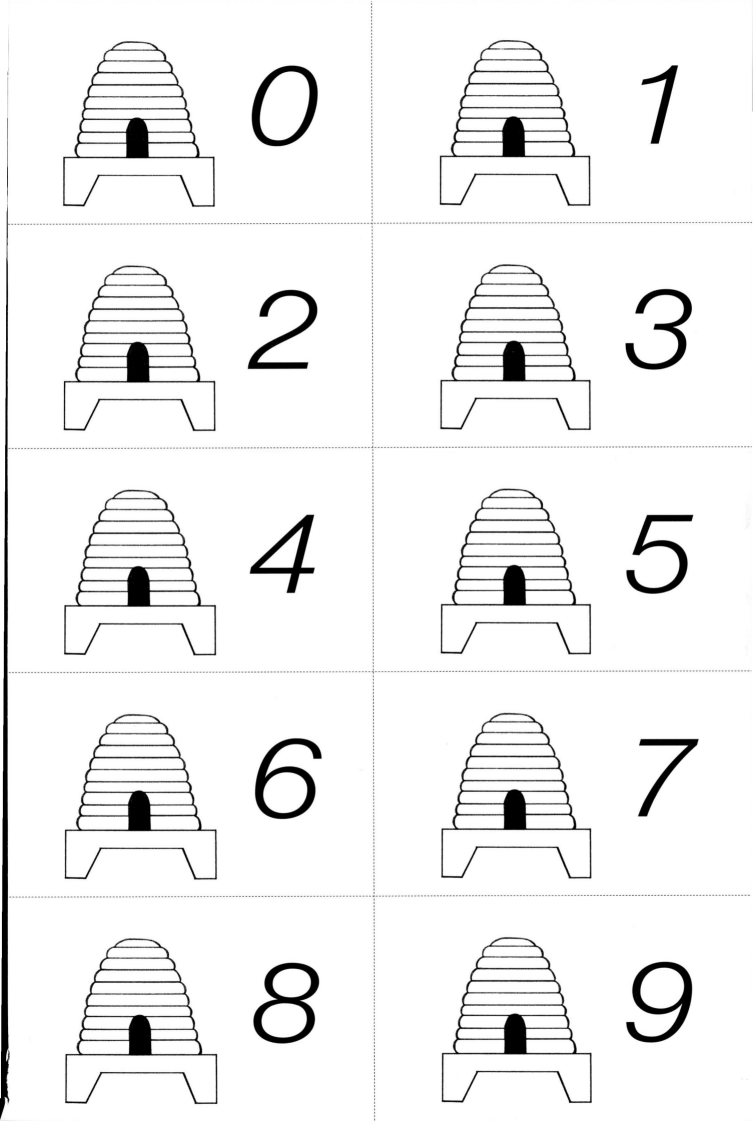

🐝 null	🐝 eins
🐝 zwei	🐝 drei
🐝 vier	🐝 fünf
🐝 sechs	🐝 sieben
🐝 acht	🐝 neun

10	11
12	13
14	15
16	17
18	19

 Affen füttern

Zebrastreifen

 Bälle balancieren

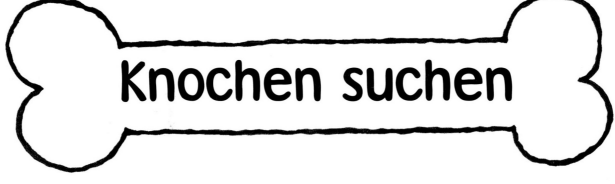
Knochen suchen

Herr Haarig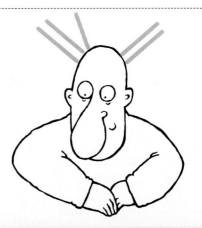

Den Tisch decken

 Fische

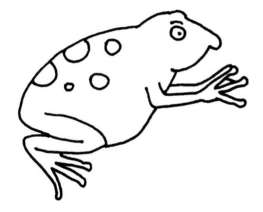 Hüpfende Frösche

 Sommersprossen

 Fleißige Bienen

Netz für einen 1-6 Würfel (Augen)

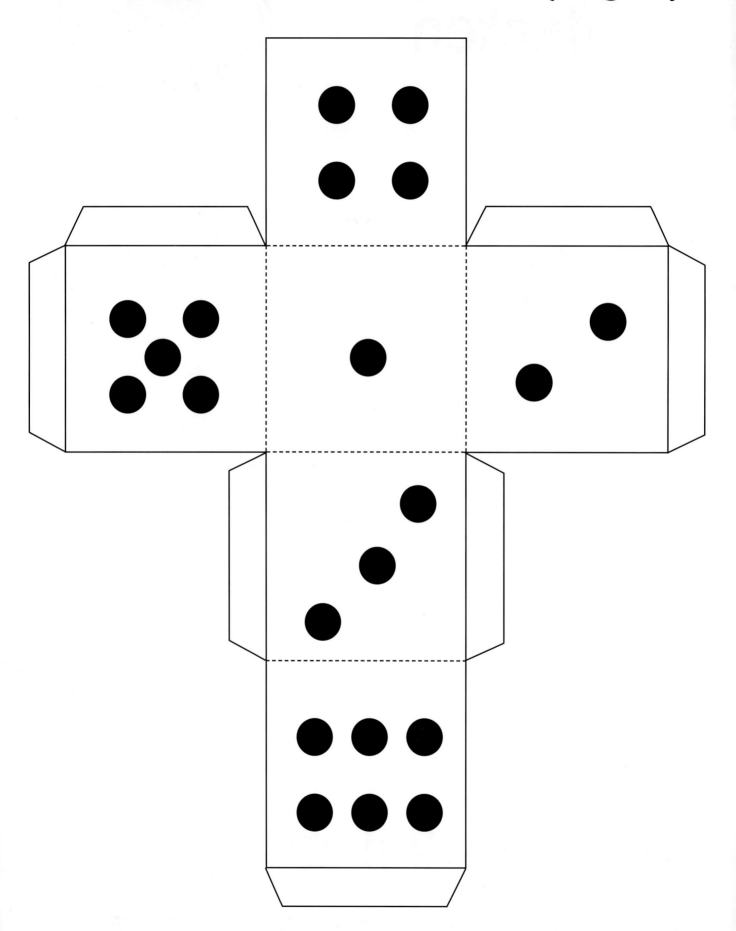

Netz für einen 1-6 Würfel (Zahlen)

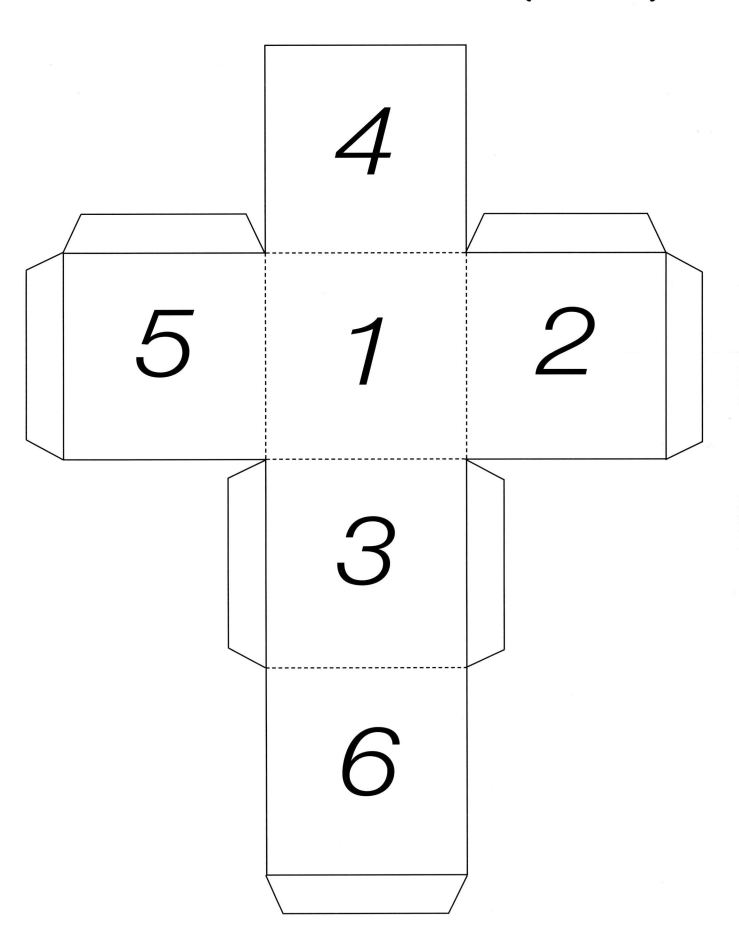

Zahlenspiele & Übungen von 0–10

Netz für einen 7-12 Würfel (Zahlen)

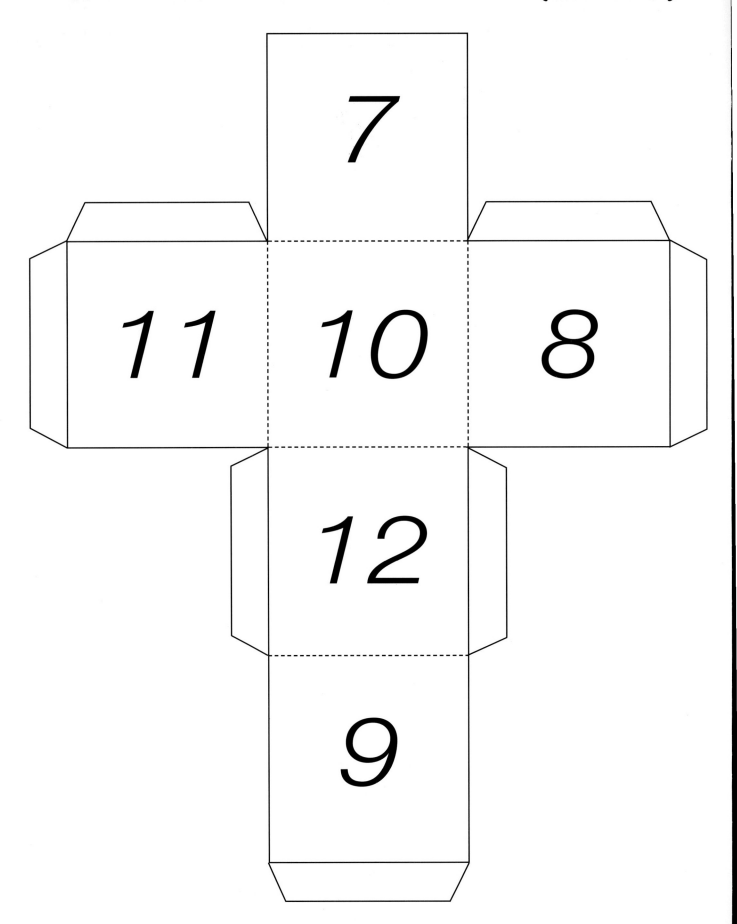

Kreisel 0-9

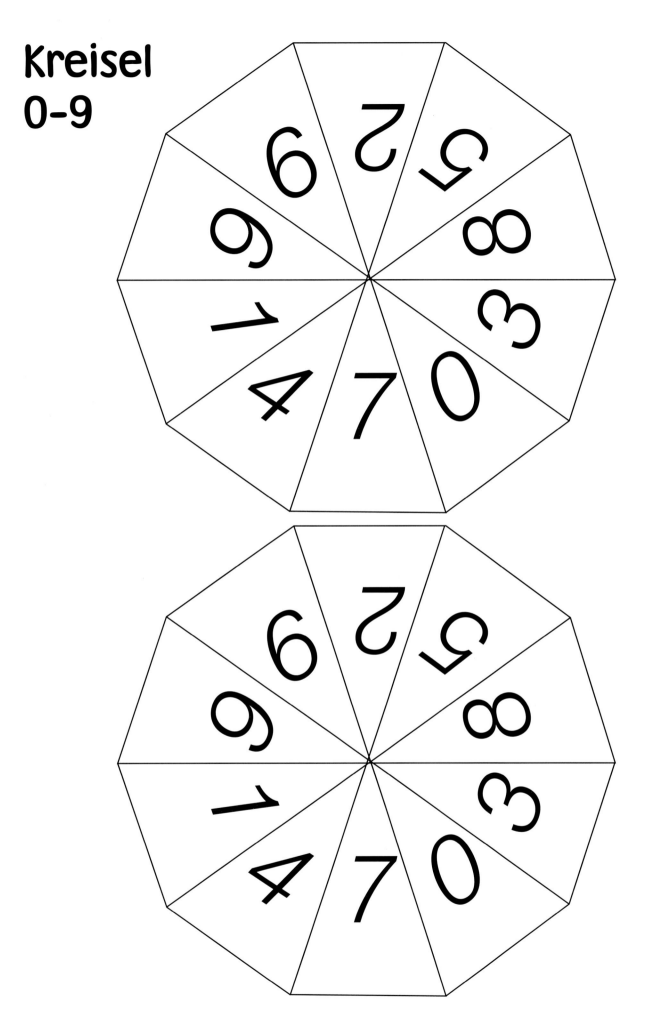

Zahlenspiele & Übungen von 0–10

Kreisel 10-19

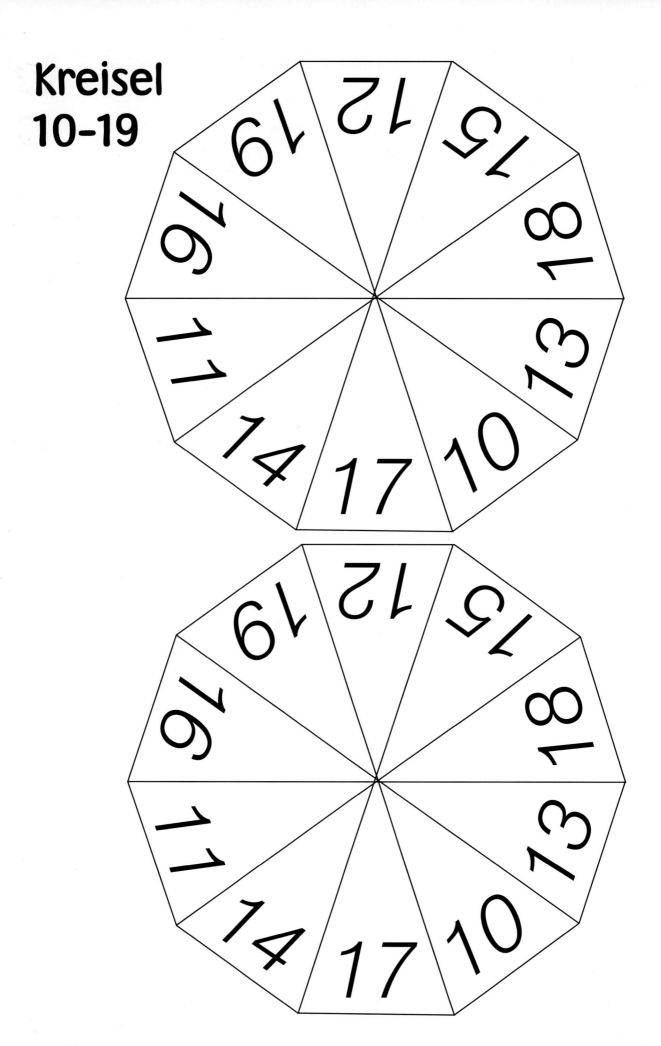

Arabisch

0 sifr
1 wahad
2 ithneen
3 thalatha
4 arba'a
5 khamsa
6 sita
7 saba'a
8 thamania
9 tisa'a
10 ashra

Chinesisch

Mandarin

0 ling
1 yi
2 er
3 san
4 si
5 wu
6 liu
7 chi
8 ba
9 jiu
10 shi

wu

Griechisch

0 miden
1 ena
2 dio
3 tria
4 tessera
5 pente
6 exi
7 efta
8 okto
9 enea
10 deka

Indonesisch

tiga

0   nol
1   satu
2   dua
3   tiga
4   empat
5   lima
6   enam
7   tujuh
8   delapan
9   sembilan
10   sepuluh

Italienisch

0 zero
1 uno
2 due
3 tre
4 quattro
5 cinque
6 sei
7 sette
8 otto
9 nove
10 dieci

quattro

Japanisch

0 zero
1 ichi
2 ni
3 san
4 shi
5 go
6 roku
7 nana
8 hachi
9 kyuu
10 juu

Englisch

0 zero
1 one
2 two
3 three
4 four
5 five
6 six
7 seven
8 eight
9 nine
10 ten

Vietnamesisch

0 cõng
1 một
2 hai
3 ba
4 bốń
5 nâm
6 sâú
7 bây
8 taḿ
9 chíń
10 muôi

tam